Manfred Marquardt
Kleines theologisches Fachwörterbuch
für Nichtlateiner

Kleines theologisches Fachwörterbuch

für Nichtlateiner

Zusammengestellt
von
Manfred Marquardt

Edition Anker

Edition Anker – Theologie

Die Deutsche Bibliothek – CIP-Einheitsaufnahme

Marquardt, Manfred:
Kleines theologisches Fachwörterbuch / zsgest. von
Manfred Marquardt. – Stuttgart : Ed. Anker im
Christlichen Verl.-Haus, 1996
    (Edition Anker : Theologie)
    ISBN 3-7675-7762-3
NE: HST

© 1996 Edition Anker
im Christlichen Verlagshaus GmbH, Stuttgart
Umschlaggestaltung: Dieter Betz, Weissach
Gesamtherstellung: Druckhaus West GmbH, Stuttgart
ISBN 3-7675-7762-3

Vorwort

Dieses kleine Wörterbuch ist aus der Arbeit mit Theologiestudent(inn)en entstanden, die keine für das Verstehen systematisch-theologischer Fachliteratur ausreichenden Kenntnisse der lateinischen Sprache mitbrachten. Es kann und soll weder ein umfassendes lateinisches Wörterbuch noch ein allgemeines oder theologisches Fremdwörterbuch ersetzen, sondern nur das Verstehen derjenigen Ausdrücke vermitteln, die häufiger in theologischen Publikationen verwendet werden, und die termini technici der Dogmatik möglichst vollständig aufführen.
Es sind daher auch nur wenige Fremdwörter/Lehnwörter aufgenommen, die aus einer anderen als der lateinischen (also etwa der griechischen oder der hebräischen) Sprache kommen. Aufgenommen wurden lateinische Wörter, aber auch Fremd- und Lehnwörter aus der lateinischen Sprache. Sie sind innerhalb der alphabetischen Ordnung so zusammengestellt, daß ihre etymologische Verwandtschaft, wo vorhanden, erkennbar wird. Eingearbeitet wurden auch die Abkürzungen lateinischer Ausdrücke aus den Apparaten des NT Graece (Editio XXVII) und – auf Grund einer Vorarbeit meines Kollegen Dozent Gerhard Burck – der Biblia Hebraica Stuttgartensia. Für kritische und konstruktive Durchsicht danke ich unserem Lehrbeauftragten für Philosophie und alte Sprachen, Herrn Christof Voigt, der mit Sachkenntnis und

Umsicht zur Verbesserung des Wörterbuchs beigetragen hat. Nicht zuletzt gilt mein Dank – auch im Namen derer, die von dieser kleinen Broschüre gern Gebrauch machen – allen Student(inn)en, die mir bei der Zusammenstellung der Wörter geholfen haben.

Auch dieses Hilfsbuch ist naturgemäß unvollständig, an manchen Stellen wohl auch unbefriedigend geblieben und daher auf die weitere Mitarbeit derer angewiesen, die theologische Literatur lesen und bereit sind, sich der Mühe des Herausschreibens und Weitergebens nicht verstandener lateinischer Ausdrücke zu unterziehen. Wenn zugleich der Fundort angegeben wird, läßt sich die spezifische Bedeutung eines Fachausdrucks genauer innerhalb seines Kontextes überprüfen und angeben.

Meldungen dieser Art erbitte ich an meine
Anschrift: Hagstr. 8
            72762 Reutlingen
            Fax: 07121/92 59 14

Reutlingen, im Juli 1996   Manfred Marquardt

Abkürzungen

Abk	Abkürzung
Abl	Ablativ (5. Fall, auf die Frage: womit/wodurch?)
Adv	Adverb
Akk	Akkusativ (4. Fall)
B	Beispiel
Dat	Dativ (3. Fall)
f	feminin(um)
frz	französisch
Gen	Genitiv (2. Fall)
gr	griechisch
hebr	hebräisch
Konj	Konjunktion
m	maskulin(um)
n	neutrum
Nom	Nominativ (1. Fall)
Perf	Perfekt
Phil	Philosophie
Pl	Plural
port	portugiesisch
Präp	Präposition
Präs	Präsens
Pron	Pronomen
Pt	Partizip
relig.	religiös
RelPron	Relativpronomen
sc	scilicet (nämlich, ergänze)
Sg	Singular

Hinweise

Die Endungen der Adjektive und die Genitiv-Endungen der Substantive werden mit einem Bindestrich hinter der Maskulin- bzw. Nominativform angegeben;
  Beispiel: humanus, -a (= humana) -um
         (= humanum)
         veritas, -atis (= veritatis)

Auf eine vollständige Wiedergabe der Verbformen wird verzichtet, es werden jedoch solche deklinierten Formen angegeben, die in der Literatur häufiger vorkommen;
  Beispiel: credo, creditur.

Der nach rechts gerichtete Pfeil → weist auf verwandte Wörter oder Wortformen, durch die oft ein genaueres Erfassen der Wortbedeutung möglich wird.
Die Übersetzung der lateinischen Substantive erfolgt ohne (bestimmten oder unbestimmten) Artikel, der jeweils aus dem Kontext zu erschließen ist, denn die lateinische Sprache kennt keine Artikel. „Deus" kann also mit „ein Gott", „der Gott" oder „Gott" übersetzt werden – je nach dem Zusammenhang. Griechische Wörter sowie aus dem Griechischen, Hebräischen oder Lateinischen kommende Fremdwörter werden *kursiv* gedruckt.
Adjektive kommen – wie im Deutschen – auch in substantivierter Form vor und sind dann als

Substantive zu übersetzen; B: „accidens" kann bedeuten „hinzukommend" oder „das (ein) Akzidens". Wo es wegen der korrekten Aussprache nötig erschien, wurden lange Vokale durch einen oben liegenden Querstrich (B: ā, ē) und Betonungen durch einen auf den Vokal gesetzten Akzent (B: á, ó) markiert.

A

A

a (ab, abs) (Präp + Abl)	von
a fortiori	(Schluß) vom Stärkeren
a maiore ad minus	(Schluß) vom größeren auf das kleinere
a minore ad maius	(Schluß) vom kleineren auf das größere
a patre	vom Vater
ab imo	von unten
ab ovo	→ ovum
abrogare	abschaffen
abrogatio, -onis, f	Abschaffung
abrogatus, -a, -um	abgeschafft
absolutio, -onis, f	Lossprechung (→ absolvere)
absolutus, -a, -um	beziehungslos, unbedingt (→ absolvere)
absolvere	loslösen, lossprechen, abtrennen
absolvo te	ich spreche dich los
abusus, us, m	Mißbrauch (→ usus, uti)
acc (Abk)	=→ accentus
accentus, -us, m	Akzent
accidens, -tis, n	Hinzukommendes,

accommodatus	Nichtwesenhaftes, Eigenschaft (einer Substanz) (Ggtl: → substantia)
accommodatus, -a, -um	angepaßt
acquisitus, -a, -um	erworben
acta (n, Pl)	Handlungen, Taten, Werke
Acta (Apostolorum)	*Apostelgeschichte*
activus, -a, -um	tätig
actu (Abl)	tatsächlich, wirklich, aktuell (→ actus; Ggtl: → potentia)
actualis, -e	wirklich, tatsächlich, jeweilig
actuosus, -a, -um	tätig, wirksam
actus, -us, m	Akt, Handlung, Tat, Wirklichkeit
actus purus	reiner Akt, vollkommene Wirklichkeit (Ggtl: → potentia, Möglichkeit)
actus fidei (Port: auto da fé)	Vollstreckung einer Ketzerverurteilung
ad (Präp + Akk)	zu, bei, an
ad dexteram	zur Rechten
ad extra	nach außen

ad intra	nach innen
AD	*anno domini (im Jahre des Herrn/nach Christus)*
adaequat (lat)	*angemessen*
add (Abk)	= additum, hinzugefügt
addit, addunt	fügt hinzu, fügen hinzu
adversarius, -ii, m	Gegner, Feind
advenire	ankommen
adventus, -us, m	Ankunft
Advent	*Zeit vom 4. Sonntag vor Weihnachten bis zum Heiligen Abend, Beginn des Kirchenjahres*
advocatus (diaboli)	Anwalt (des Teufels), Vertreter der gegner. Position
aeg (Abk)	= Aegyptiacum, -iace, ägyptisch
aenigmatisch / änigmatisch (gr)	*rätselhaft*
aequalitas, -atis, f	Gleichartigkeit
aequivalent (lat)	*gleichwertig*
Aequivalenz (lat)	*Gleichwertigkeit*
aequivok (lat)	*mehrdeutig, doppelsinnig (Ggtl: → univok)*

aeternitas, -atis, f	Ewigkeit
aeternus, -a, -um	ewig
aeternum	das Ewige
in aeternum, -i, n	(bis) in Ewigkeit
affectio, -onis, f	Eigenschaft
affectiones scripturae:	Eigenschaften der (Hlg) Schrift:
→ **auctoritas**	
→ **necessitas**	
→ **perspicuitas**	
→ **semetipsam interpretandi facultas**	
→ **sufficientia**	
affirmare	befestigen, bekräftigen, behaupten
affirmo	ich behaupte, bestätige (Ggtl: → nego)
agnoscere	(an)erkennen, zugeben
Agnostiker (gr)	*Vertreter des Agnostismus*
Agnostizismus (gr)	*Lehre von der Unerkennbarkeit des wahren Seins, Gottes*
agnus, -i, m	Lamm
agnus dei, qui tollit	L. Gottes, das hinwegträgt

peccata mundi	die Sünden der Welt
Akzidens	(→ *accidens*)
akzidentell	*hinzukommend, nicht wesenhaft (Ggtl: substantiell, substanziell)*
al (Abk)	=→ alius, alii
alia	→ alius
alias (Adv)	sonst, zu anderer Zeit
alienatio, -onis, f	Entfremdung
aliēnus, -a, -um	fremd
aliqua, -ae	(irgend)eine
aliqui (Pl)	einige (beliebige)
aliquid, (Gen: alicuius)	(irgend) etwas
aliquis, (Gen: alicuius)	(irgend) jemand, -einer
alit (Abk)	= → aliter, anders
aliter (Adv)	anders
alius	ein anderer, der andere
alia (f, Sg)	eine andere, die andere
alia (n, Pl)	andere, anderes
aliud	ein anderes, das andere
Allegorese (gr)	*Auslegung in übertragenem Sinn*
Allegorie (gr)	*bildhafte Darstellung (eines Begriffs), gleichnishafte Rede*
allegorisch (gr)	*gleichnishaft, übertragen*

Alliteration (lat)	*gleich anlautende Wörter, Stabreim*
alterieren *(lat)*	*verändern*
alternativ *(lat)*	*wahlweise*
Alternative (lat)	*eine von zwei (sich ausschließenden) Möglichkeiten*
alternieren *(lat)*	*abwechseln*
altus, -a, -um	hoch, tief
altior, altius	höher
ambiguitas, -atis, f	Zweideutigkeit, Unsicherheit
ambiguus, -a, -um	doppeldeutig, unsicher
ambivalent (lat)	*doppelwertig (zwischen zwei entgegengesetzten Werten)*
Ambivalenz (lat)	*Doppelwertigkeit, Zwiespältigkeit (eines Sachverhalts)*
AMDG (Abk)	ad maiorem dei gloriam = zur höheren Ehre Gottes
amīca, -ae, f	Freundin
amicitia, -ae, f	Freundschaft
amīcus, -i, m	Freund
amor, -oris, m	Liebe (→ caritas)
amplus, -a, -um	weit, groß, geräumig
Amplifikation	*Ausweitung, Verbreitung*

analogia, -ae, f	Entsprechung
analogia entis	Entsprechung im Sein
analogia fidei	Entsprechung im Glauben
Anámnesis, *f (gr)*	*Rückerinnerung, Vergegenwärtigung*
Ananke, *f (gr)*	*Zwang, Notwendigkeit*
ancilla, -ae, f	Magd
anhypostatisch (gr)	*ohne eigene → Hypostase*
anima, -ae, f	Seele
anima candida	reine Seele, argloser Mensch
anima sensitiva	empfindsame Seele
anima vegetativa	belebte Seele
animal, -is, n	Lebewesen
animal rationale	vernunftbegabtes Lebewesen
animus, -i, m	Geist, Denkkraft, Gesinnung
annihilatio, -onis, f	Vernichtung (→ nihil)
annum, -i, n	Jahr
antagonistisch (gr)	*entgegenwirkend, entgegengesetzt*
ante (Präp + Akk)	vor
antecēdens	vorangehend
Antependium (lat)	*Vorhang; Behang an der Vorderseite von Abendmahlstisch, Kanzel od. Lesepult*

Ante-/Antizipation (*lat*)	*Vorwegnahme*
ante-/antizipieren	*vorwegnehmen*
Antepaenultima (lat)	*drittletzte Silbe eines Wortes*
Anthropologie (*gr*)	*Lehre vom Menschen*
anthropomorph (*gr*)	*menschengestaltig, nach menschl. Art*
Anthropomorphismus (*gr*)	*(Gottes-)Vorstellg. nach menschl. Art*
anthropopathisch (*gr*)	*wie Menschen leidend/ empfindend*
Antinomie (*gr*)	*Widerspruch (zweier Sätze)*
apophantisch (*gr*)	*behauptend, aussagend*
Aporie (*gr*)	*Ausweglosigkeit, Denkunmöglichkeit*
Apostasie (*gr*)	*Abfall (vom Glauben), Verrat*
Apostat (*gr*)	*Abtrünniger*
a posteriori	„vom Späteren her", aus der Erfahrung, empirisch (Ggtl: → a priori)
apotropäisch (*gr*)	*(Unheil) abwendend*
applicare	anwenden, zueignen
applicatio, -onis, f	Anwendung
applicator, m	zueignend, anwendend

18

applicatrix, f	
gratia spiritūs sancti applicatrix	zueignende Gnade des Hlg Geistes
Apposition, f (lat)	*Beifügung*
a priori	„vom Früheren her", aus Verstandesbegriffen, nicht aus der Erfahrung (Ggtl: → a posteriori)
apud (Präp + Akk)	bei
apud nos	bei uns
arab (Abk)	= Arabicum, arabisch
aram (Abk)	= Aramaicum, -aice, aramäisch
arbitrium, -ii, n	Urteil, Wille, (freie) Wahl
Aretalogie (gr)	*Lobpreisung (der Tugend/ Gottes)*
argumentum, -i, n	Beweis, Argument
ars, artis, f	Kunst
ars amandi	Kunst des Liebens
ars moriendi	Kunst des Sterbens
septem artēs liberalēs	die sieben freien Künste (→ Trivium und → Quadrivium)
articulus, -i, m	(Glaubens-)Artikel

articulus stantis vel cadentis ecclesiae	Gl.A., mit dem die Kirche steht oder fällt
Aseïtät (lat)	*Für-sich-sein (Gottes)*
assensus, -us, m	Zustimmung
assertio, -onis, f	Behauptung, Zusicherung
assertorisch	*behauptend*
assyr (Abk)	= Assyricum, -rice, assyrisch
ast (Abk)	= asteriscus, Stern
Ataraxie (gr)	*Unerschütterlichkeit*
Atrophie (gr)	*Verkümmerung, Schwund*
attributum, -i, n	Beifügung, Eigenschaft
auctoritas, -atis, f	Gewähr, Würde, Ansehen, Autorität
audīre	hören
audīri	gehört werden
audītur	es wird gehört
auditio, -onis, f	Audition, Hörerlebnis
aut	oder (ausschließend, vgl→ vel)
aut... aut...	entweder... oder...
autonom (gr)	*zur Selbstbestimmung fähig*
Autonomie (gr)	*Selbstbestimmung (Ggtl: → Heteronomie)*

***Autosemantikon** (gr)*	*ein Wort, das, für sich selbst genommen, Bedeutung hat (Ggtl: → Synsemantikon)*

B

bab (Abk)	= Babylonicum, -ice, babylonisch
beatus, -a, -um	glücklich, selig
beata vita	(glück-)seliges Leben
bene (Adv)	gut
benedicere	(Gutes sagen), „*benedeien*", preisen
Benedictus	*„Gelobt" (Luk 1, 68ff), Lobgesang des Zacharias*
beneficium, -ii, n	Wohltat
beneficia Christi	die Wohltaten Christi
bis	zweimal
bonum, -i, n	Gutes, das Gute
bonus, -a, -um	gut, gute(r, s)
melior, melius	besser, bessere(r, s)
optimus, -a, -um	beste(r, s)
brutus, -a, -um	schwer(fällig), unbeweglich

brutum factum	das bloße Faktum, die Tatsache als solche

C

c (Abk)	=→ cum, mit
CA (Abk)	Confessio Augustana (Augsburgisches Bekenntnis)
caelestis, -e **coelestis**, -e	himmlisch
caelum, -i, n **coelum**, -i, n	Himmel
caliditas, -atis, f	Wärme
cantare	singen
cantate	singt!
Kantate	*"Singt (dem Herrn ein neues Lied)" (Ps 98, 1)* *4. Sonntag nach Ostern*
canticum, -i, n	Lied
cantus, -us, m	Gesang, Schall
cantus firmus	Hauptmelodie (im Chorgesang)
caritas, -atis, f	Liebe, Nächstenliebe

cárneus, -a, -um	fleischlich, fleischern, aus Fleisch
caro, carnis, f	Fleisch
casus, -us, m (Pl: casus)	Fall
catholicus, -a, -um	katholisch, allumfassend, universal
causa, -ae, f	Grund, Ursache
causa efficiens	Wirkursache
causa finalis	Zielursache
causa formalis	Formalursache
causa materialis	Materialursache
causa prima	Ersturcache
causa secunda	zweite (bedingte) Ursache
causa sui	Ursache und Grund seiner selbst (= Gott)
kausal	*ursächlich*
certissime (Adv)	ganz gewiß, sicher
certissimus, -a, -um	gewissest, gewisseste(r, s)
certitudo, -inis, f	Gewißheit
certus, -a, -um	gewiß
cet (Abk)	=→ ceteri
ceterus, -a, -um	der/die/das übrige
et cetera = etc	und das Übrige, und so weiter

ceteri	die übrigen
ceteris paribus (Klausel)	unter sonst gleichen Bedingungen (bei einem veränderten Parameter)
cf (Abk)	= conferendum/conferatur = zu vergleichen (→ conferre)
character indelebilis	unzerstörbare Eigenschaft/Prägung
Chárisma *(Pl: Charismen od Charismata) (gr)*	*Gnadengabe*
charitas	(→ caritas)
charta magna	Grundgesetz, Verfassung
Chrestomathie *(gr)*	*Sammlung ausgewählter Textstellen*
circulus, -i, m	Kreis, Zirkel
circulus vitiosus	„fehlerhafter Kreis", Teufelskreis, Zirkelschluß: das zu Beweisende wird zur Grundlage des Beweises gemacht
circumcessio, -onis, f	„Umschreiten", wechselseitiges Durchdringen

	(der beiden Naturen Christi bzw. der drei trinitarischen Personen; gr *Perichorese*)
civitas, -atis, f	Bürgerschaft, Stadt
civitas dei	Stadt Gottes, Gottesstaat (Ggtl: civitas diaboli)
claritas, -atis, f	Klarheit
claritas scripturae	die Klarheit der (Hlg) Schrift
coactio, -onis, f	(äußerer) Zwang
cod	= → codex
codd	= codices, → codex
codex, -icis, m (Pl: codices)	Stamm, Handschrift, Buch
***Codex Iuris Canonici** (CIC)*	*Buch des (röm-kath) kanonischen Rechts*
coelestis	→ caelestis
coelum	→ caelum
coelum et terra	Himmel und Erde
cogere	zwingen
cogitare	denken
cogito ergo sum	ich denke, also bin ich (Descartes)
cognitio, -onis, f	Erkenntnis, Kenntnis, Wissen
recognitio, -onis, f	Anschauung, Erkenntnis

cognoscere	erkennen
cognoscibilis, -e	erkennbar
coincidentia, -ae, f	Zusammenfall, Übereinstimmung
coincidentia oppositorum	Ü. der Gegensätze (Nikolaus von Cues)
colloqui	sich besprechen, unterreden
colloquium	Besprechung, Unterredung
communicare	gemeinsam tun, vereinigen
communicatio, -onis, f	Gemeinschaft, Austausch
communicatio idiomatum	Austausch der Eigenschaften (sc. Christi; Voraussetzung der Realpräsenz im Abendmahl)
communio, -onis, f	Gemeinschaft („Kommunion", Gemeinschaft mit Christus durch den Empfang des Abendmahls)
communio sanctorum	Gemeinschaft der Heiligen, Gemeinschaft am Heiligen
communio sub utraque specie	Abendmahl in beiderlei Gestalt (Brot und Wein)

comparare	vergleichen
Komparativ	*1. Steigerungsstufe (B: größer, besser)*
complexio, -onis, f	Um-, Zusammenfassung
complexio oppositorum	Umfassung der Gegensätze
complicatio, -onis, f	Umfassung, Verwicklung
compositum	zusammengesetzt (Ggtl: → simplex)
comprehendere, comprendere	umgreifen, fassen, begreifen
comprehensibilis, -e	faßbar, begreifbar
comprendere	→ comprehendere
conatus, -us, m	Versuch, Bemühung
conceptio, -onis, f	Empfängnis
conceptio immaculata	unbefleckte Empfängnis (sc. Marias)
conceptus (Pt Perf)	empfangen
conceptus, -us, m	Begriff, Gedanke
conclusio, -onis, f	(Schluß-)Folgerung
concordia, -ae, f	Eintracht, Einigkeit
concupiscentia, -ae, f	Begierde
concupiscere	begehren
concursus divinus	Zusammenwirken Gottes

	(mit...)
conditio, -onis, f	Bedingung
conditio sine qua non	unerläßliche Bedingung
conditio propter quam	begründende Bedingung
conferre	zusammenbringen, vergleichen
confessio, -onis, f	Bekenntnis
confessio oris	Bekenntnis des Mundes (Röm 10,9) (→ satisfactio operis, contritio cordis)
confessor, -oris, m	Bekenner
confirmare	befestigen, bestätigen, bekräftigen
confirmatio, -onis, f	Konfirmation, Bekräftigung (sc des Taufversprechens)
confitēmur	wir bekennen
confiteor	ich bekenne
conformitas, -atis, f	Gestaltgleichheit, Übereinstimmung
confusio, -onis, f	Vermischung, Vermengung, Verwirrung

congruentia, -ae, f	Übereinstimmung
cóngruus, -a, -um	übereinstimmend
coniunctio, -onis, f	Verbindung
connexio, -onis, f	Verbund, Gemeinschaft
conscientia, -ae, f	Gewissen
conscientia antecedens	das zukünftiges Verhalten beurteilende Gewissen
conscientia consequens	„nachfolgendes Gewissen" (früheres Verhalten beurteilend)
consecrare	weihen
consecratio, -onis, f	Weihe, Aussonderung
consensus, -us, m	Übereinstimmung, Vereinbarung
consensus gentium	Übereinstimmung der Völker
consensus omnium	Übereinstimmung aller
consentire	übereinstimmen
qui tacet consentire videtur	wer schweigt, scheint zuzustimmen
consequens	folgend
conservare	bewahren
conservatio, -onis, f	Bewahrung, Erhaltung
consilium, -ii, n	Rat(schluß)
consilia evangelica	„evangelische Räte" (Armut,

	Gehorsam, Ehelosigkeit etc, die nicht geboten sind wie die → praecepta)
constituere	hin-, aufstellen, errichten
continēre	zusammenhalten, einschließen
continentia, -ae, f	Enthaltsamkeit, Selbstbeherrschung
contingentia, -ae, f	Zufälligkeit (Ggtl: → necessitas)
kontingent	*zufällig, nicht notwendig*
contra	gegen (ablehnend)
contradictio, -onis, f	Widerspruch
contradictio in adiecto	„Widerspruch im Beiwort"/ in sich selbst
contradictorie (Adv)	ausschließend entgegengesetzt
contrarius, -a, -um	entgegengesetzt, gegenteilig
contrarie (Adv)	gegensätzlich, aber nicht ausschließend
contritio, -onis, f	Zerknirschung, Reue
contritio cordis	Herzensreue (→ confessio oris, satisfactio operis)
conversio, -onis, f	Bekehrung

cooperans (Pt Präs)	mitwirkend
gratia cooperans	mitwirkende Gnade
cooperator	Mitarbeiter
cor, cordis, n, (Pl: corda)	Herz
cor inquietum	das unruhige Herz
coram (Präp + Abl)	vor, im Angesicht von
coram deo	vor Gott
coram hominibus	vor (den) Menschen
coram publico	in der Öffentlichkeit, öffentlich
corpus, -oris, n	Leib, Körper
corpus delicti	Gegenstand des Vergehens
corpus Paulinum	die paulinischen Briefe
correlatio, -onis, f	Entsprechung, Beziehung
corruptio, -onis, f	Verderbtheit
corruptus, -a, -um	verdorben
creare	schaffen
creat	er (sie, es) schafft
creatur	er (sie, es) wird geschaffen
creatio, -onis, f	Schöpfung, Erschaffung
creatio continua	weitergehende Schöpfung, Providenz Gottes
creatio ex nihilo	Schöpfung aus dem Nichts

creatura, -ae, f	Geschöpf
creatura verbi	Geschöpf des Wortes (Kirche)
credendum	das zu Glaubende, Glaubensinhalt
crēdere	glauben
crēditur	(er, sie, es) wird geglaubt
→ fides	
credo	ich glaube
Credo	*Glaubensbekenntnis*
credo quia absurdum	ich glaube, weil es widervernünftig ist (Tertullian)
credo ut intelligam	ich glaube, um zu verstehen (Anselm von Canterbury)
crucifixus	gekreuzigt, der Gekreuzigte
crux, crucis, f	Kreuz
theologia crucis	Theologie des Kreuzes (Ggtl: → theologia → gloriae)
cuius regio, eius religio	der Herrscher bestimmt die Konfession (des Volkes); Grundsatz des Augsburg. und des Westf. Friedens
culpa, -ae, f	Schuld

mea (maxima) culpa	meine (größte, zu große) Schuld
meā (maximā) culpā (Abl)	wegen meiner... Schuld, durch meine... Schuld
cum (Präp + Abl)	mit
cum (Konj)	weil, da
cur	warum
Cur deus homo?	Warum (wurde) Gott Mensch? (Anselm von Canterbury)

D

damnare	verurteilen, verwerfen
damnatio, -onis, f	Verurteilung, Verwerfung
damnatus, -a, um	verurteilt, verworfen
dare	geben
dat	er/sie/es gibt
do ut des	ich gebe, damit du gibst
datio, -onis, f	Geben, Schenkung
de (Präp + Abl)	von (herab), über, aus
de deo	von Gott
de profundis	aus der Tiefe

decretum, -i, n	Beschluß, Entscheid, Dekret
deducere	ableiten
Deduktion	*Ableitung, Herleitung*
	(Ggtl: → Induktion)
definiendum	das zu Definierende
definiens	das Definierende
definitiv	*endgültig*
defizient (lat)	*unvollständig*
deinde	dann
Deismus (lat)	*Lehre von Gott, nach der dieser die Welt geschaffen, sie dann aber sich selbst überlassen habe*
Demiurg (gr)	*Schaffender, Handwerker, relig: Weltschöpfer*
	(gnostisch: Gegengott zum guten, barmh. Gott)
depositum, -i, n	anvertrautes Gut, Schatz
depositum fidei	Glaubensgut
descensus, -us, m	Abstieg
descensus ad inferos	Abstieg zu den Verstorbenen, „Höllenfahrt" (sc Christi), (→ inferi)
descriptio, -onis, f	Beschreibung
desperare	verzweifeln

desperatio, -onis, f	Verzweiflung
deus, -i, m	Gott
deus absconditus	der verborgene Gott
deus revelatus	der offenbare Gott
devictus, -a, -um	besiegt
dexter, -a, -um	rechte(r, s)
diakritisch (*gr*)	*unterscheidend*
dīcere	sagen, sprechen
dīcimus	wir sagen/nennen
dicta probantia	Beleg-/Beweisstellen
dictum	Wort, Gesagtes
Dichotomie (*gr*)	*Zweiteilung*
dichotomisch	*zweigeteilt, zweiteilig (B: Leib und Seele; → trichotomisch)*
diēs, -ei, f	Tag
dies illa	jener Tag
dies irae	Tag des Zorns
differentia specífica	der artbildende Unterschied (→ genus proximum)
dignitas, -atis, f *Dignität*	Würde
dignus, -a, -um	würdig
diligere	lieben

dilige!	liebe!
dimittere	entlassen
Nunc dimittis	*„Nun lässest du (deinen Diener in Frieden) fahren" (Lobgesang Simeons, Luk 2, 29ff)*
Disput	*Streit (mit Worten)*
disputare	(mit Worten) streiten
Disputation	*wissenschaftl. Streitgespräch*
distinctio, -onis, f	Unterscheidung
distinctive (Adv)	unterschieden
distinctus, -a, -um	unter-/verschieden
distinguere	unterscheiden
divergent	*auseinanderlaufend*
Divergenz	*Auseinanderstreben (Ggtl: → Konvergenz)*
divergieren	*auseinanderstreben, abweichen*
divinitas, -atis, f	Göttlichkeit, Gottheit, Gottsein
divinus, -a, -um	göttlich
divisio, -onis, f	Scheidung, Teilung
divus, -a, -um	göttlich, Gott
dixit	er/sie hat gesagt (→ dicere)
ipse dixit	er selbst hat gesagt

do	→ dare
docēre	lehren
docta ignorantia	gelehrte Unwissenheit (Augustin, Nikolaus von Cues)
doctor, -is, m	Lehrer
doctus, -a, -um	gelehrt
Doketismus (gr)	*gnostische Lehre, nach der Christus nur in einem Scheinleib existierte*
domina, -ae, f	Herrin
dominium, -ii, n	Herrschaft(sbereich)
dominus, -i, m	Herr
donum, -i, n	Geschenk
donum superadditum	dazugegebenes Geschenk
Dualismus	*Weltbild mit zwei entgegengesetzten Prinzipien*
dubitare	zweifeln
de omnibus dubitandum est	alles ist zu bezweifeln
dulcis, -e,	süß, lieblich, angenehm
in dulci jubilo	mit lieblichem Jubel
duplex	zweifach, doppelt

ea, (eius, ei, eam, ea)	sie (Gen, Dat, Akk, Abl)
ecce	siehe
ecce homo	siehe, (welch) ein Mensch (Joh 19, 5)
ecclesia, -ae, f	Kirche
ecclesia invisibilis/ abscondita	die unsichtbare/verborgene Kirche
ecclesia semper reformanda	die stets zu reformierende Kirche
ecclesia visibilis	die sichtbare Kirche
Ecclesiástes	*Prediger, Kohelet*
Ecclesiasticus	*Jesus Sirach*
editio, -onis, f (Pl: editiones)	Ausgabe (Abk: ed., Pl: edd.)
effectus, -us, m	Wirkung
efficacia, -ae, f	Wirksamkeit
éfficax	wirksam
eius	sein(e) /ihr(e) (Gen von → is, ea, id)
eiusdem	des-/derselben (Gen von → idem)
Ekklesiologie (gr)	*Lehre von der Kirche*

	(→ *ecclesia*)
electi (Pl)	(die) Erwählte(n)
electus, -a, -um	erwählt
elementum, -i, n	Stoff, Materie (gr.Phil: Wasser, Erde, Feuer, Luft; Sakramentslehre: Brot, Wein, Wasser)
eliminieren (lat)	*entfernen, tilgen* (→ *limen*)
Elogium (lat)	*lobende Inschrift (auf Statuen, Grabmälern etc)*
emphatisch (gr)	*nachdrücklich, mit Nachdruck*
empirisch (gr)	*auf Erfahrung beruhend, aus Erfahrung gewonnen*
enhypostatisch (gr)	*in einer (anderen)* → *Hypostase*
ens	seiend, Seiende(r, s) (→ *esse*)
ens a se	für sich / selbst Seiendes
ens (in)finitum	(un)begrenzt Seiendes
ens realissimum	höchstwirkliches Seiendes
summum ens	höchstes Seiendes
Entelechie (gr)	*inneres Wirkprinzip (das Mögliches – z.B. Anlagen – zum Wirklichen erhebt), Form (die dem Stoff seine Gestalt gibt)*

eo ipso (Abl)	von selbst, ohne weiteres, aus sich
eōdem (Abl)	durch denselben
epistemisch (gr)	*die Erkenntnis betreffend*
Epistemologie (gr)	*Erkenntnistheorie*
epistemologisch (gr)	*die Erkenntnislehre betreffend*
erga (Präp + Akk)	gegen(über) (im freundl. Sinne) vgl. → contra
ergo	also
errare	(sich) irren
erratischer Block	*großer Stein, Findling*
error, -oris, m	Irrtum
es	→ esse
éschata (gr)	*die letzten (Dinge, Ereignisse)*
eschatisch (gr)	*die letzte Wirklichkeit betreffend*
Eschatologie (gr)	*Lehre von den letzten Dingen/ vom endzeitlichen Handeln Gottes*
eschatologisch (gr)	*die Eschatologie/die Lehre von Gottes endzeitlichem Handeln betreffend*
eskamotieren (frz)	*wegzaubern, rasch verschwinden lassen*

Esoterik	ex cathedra

Esoterik (gr)	*Geheimlehre*
esoterisch (gr)	*nur für Eingeweihte verständlich/zugänglich*
esse	sein (Gen: essendi)
sum	ich bin
es	du bist
est	er/sie/es ist
sumus	wir sind
estis	ihr seid
sunt	sie sind
essentia, -ae, f	Wesen
essentiell	*wesentlich, wesenhaft, zum Wesen gehörig, das Wesen betreffend*
est	→ esse
Estomihi	„Sei mir (ein starker Fels)" (Ps 31, 3) 7. Sonntag vor Ostern
et	und
et al. (Abk)	et alii = und andere
etsi deus non darētur	auch wenn es Gott nicht gäbe
ex (Präp + Dat)	aus, heraus
ex cathedra	(Verlautbarung) vom

	Lehrstuhl (Petri) aus
ex se(se)	aus sich selbst heraus
exaltatio, -onis, f	Erhöhung (Ggtl: → exinanitio)
exaudīre	erhören
Exaudi	„Höre (Herr, meine Stimme)" (Ps 27, 7) 6. Sonntag nach Ostern, Sonntag vor Pfingsten
exhonoratio, -onis, f	Entehrung (→ honor)
exinanitio, -onis, f	Erniedrigung (Ggtl: → exaltatio)
exklusiv (lat)	*ausschließend*
Exklusivpartikel	*ausschließendes Wort (z.B. „sola")*
exkulpieren (lat)	*entschuldigen (→ culpa)*
Exkurs (lat)	*eingefügte Erörterung*
experientia, -ae, f	Erfahrung, Anfechtung
explicatio, -onis, f	Entfaltung
explikativ	*entfaltend, erläuternd*
exprimere	ausdrücken, aussprechen
expressis verbis	ausdrücklich
Extension (lat)	*Begriffsumfang (vgl → Intension)*

exterius (Adv)	außen
extra (Präp + Akk)	außerhalb
extra ecclesiam nulla salus	außerhalb der Kirche (gibt es) kein Heil
extra órdinem	außer der Reihe, außerhalb der Ordnung
Extra Calvinisticum	*Calvinische Lehre, der Logos sei in Christus außerhalb der menschl. Natur*

F

facere	machen
fac!	mache!
facit	(er/sie/es) macht
factum, -i, n	Tat, Sachverhalt
factus, -a, -um	gemacht
factor, -ris, m	Täter, Schöpfer
falsus, -a, -um	falsch, irrig
fascinans	→ fascinosum
fascinosum (= fascinans)	fesselnd, anziehend
mysterium	anziehendes Geheimnis

fascinosum
favor, -oris, m — Gunst, Huld
fides, fidei, f — Glaube
  fides historica — Glaube an überlieferte Aussagen
  fides qua creditur — Glaube, durch den geglaubt wird, Glaube als personaler Akt
  fides quae creditur — Glaube, der geglaubt wird, Glaubensinhalt
  fides quaerens intellectum — Glaube, der zu verstehen sucht
  fides salvifica — Heilsglaube, rettender Glaube
fiducia, -ae, f — Vertrauen
fieri — geschehen, gemacht werden (Passiv von → facere)
filia, -ae, f — Tochter
filiatio, -onis, f — Sohn-/Tochtersein, Sohnschaft, Kindschaft
filiōque — „und vom Sohn" (sc „geht der Geist aus"; späterer Zusatz zum → NC, im Westen offiziell gültig seit 1014, im

	Osten bis heute abgelehnt)
filius, -ii, m	Sohn
finalis, -e	endlich, zum Ende gehörig
finis, -is, m (selten f)	Ende, Ziel, Zweck
finītum, -i, n	Endliches, das Endliche
firmus, -a, -um	stark, fest
fit	es (er/sie) geschieht, es wird (→ fieri)
fiunt	sie werden (→ fieri)
fixus, -a, -um	fest, befestigt
forma, -ae, f	Form, Seinsweise, Gestalt (→ materia)
formare	gestalten
formatur	(er/sie/es) wird gestaltet
formamur	wir werden gestaltet
formaliter (Adv)	formal
forum, -i, n	Marktplatz, Gerichtshof, Öffentlichkeit
in foro (publico)	öffentlich
in foro conscientiae	vor dem Gewissen
Fragment (lat)	*Bruchstück*
fragmentarisch	*bruchstückhaft, unvollständig*
frígidus, -a, -um	kalt
frigiditas, -atis, f	Kälte

frui	genießen
futurus, -a, -um	zukünftig

G

geminus	doppelt, Zwillings-
gemina	doppelte Vorherbestimmung
praedestinatio	(sc der einen zum ewigen Heil, der anderen zum ewigen Verderben)
generalis, -e	allgemein (→ genus, vgl. → universalis)
generatio, -onis, f	Zeugung, Hervorbringung
génitus	gezeugt (Ggtl: → factus)
gentes, -ium, m, Pl	Völker, Heiden
genus, -eris, n	Geschlecht, Gattung
genus maiestaticum	göttliche Art (Jesu Christi)
genus proximum	die nächst(höher)e Gattung (→ differentia specifica)
gloria, -ae, f	Glanz, Ruhm, Ehre, Herrlichkeit
gloria deo in excelsis	Ehre (sei) Gott in der Höhe

theologia gloriae	Theologie der Herrlichkeit (Ggtl: theologia → crucis)
glorificare	verherrlichen
glorificamus te	wir verherrlichen dich
glorificatio, -onis, f	Verherrlichung
Gnoseologie (gr)	*Erkenntnislehre (→ Epistemologie)*
Gnosis (gr)	*1) Erkenntnis* *2) religiöse Richtung in der Zeit der Alten Kirche*
gnostisch (gr)	*zur Gnosis gehörend, die Gnosis betreffend*
granum, -i, n	Korn, Kern
cum grano salis	mit einem Körnchen Salz, d.h. mit geringer Einschränkung
gratia, -ae, f	Gnade, Gunst, Dank, Anmut
gratia gratum faciens	annehmbar machende Gnade
gratia praeveniens	vorlaufende Gnade
gratia salvificans	rettende Gnade
gratis (Adv)	umsonst
gratia gratis data	umsonst geschenkte Gnade
gratúitus, -a, -um	(frei) geschenkt

gubernaculum, -i, n	(Mittel zur) Steuerung, Lenkung
gubernatio, -onis, f	Lenkung, Regierung
gubernator, -oris, m	Steuermann, Regierer

H

habitualis, -e	habituell, zu einer Beschaffenheit geworden, ständig vorhanden
habitus, -us, m	Beschaffenheit, Gewohnheit
haec	→ hic
Hamartologie (gr)	Lehre von der Sünde
hamartologisch	die Lehre von der Sünde betreffend
Hendiadyoin (gr)	„eins durch zwei", Verbindung von zwei gleichbedeutenden Wörtern (B: Kraft und Stärke)
Hermeneutik (gr)	Lehre vom Verstehen und Auslegen (eines Textes)
hermeneutisch	die Hermeneutik betreffend, verstehend, auslegend
Heteronomie (gr)	Fremdbestimmung

	(Ggtl: → Autonomie)
hic	hier (! auch: „dieser")
hic et nunc	hier und jetzt
hic, haec, hoc	dieser, diese, dies
hierós (gr)	*heilig*
hieros gámos (gr)	*heilige Hochzeit, Götterhochzeit (auch mit einem/r menschlichen Partner(in))*
Hierosólyma (gr)	*Jerusalem*
Hierosolymitanus	*jerusalemisch, Jerusalemer*
historicus, -a, -um	geschichtlich
hominem	→ homo
homines	→ homo
hominum	→ homo
homo, hominis, m	Mensch, Mann
hominem (Akk Sg)	den Menschen
homines (Pl)	die Menschen
hominum (Gen Pl)	der Menschen
hominibus (Dat Pl)	den Menschen
homoiusios/ homöusios	*wesensähnlich*
homolog (gr)	*gleichlautend, übereinstimmend*
Homologie (gr)	*Übereinstimmung, Bekenntnis*
homologisch	*bekenntnishaft*

Homoousie/	*Wesensgleichheit*
Homousie *(gr)*	
homoousios/	*wesensgleich*
homousios	
homunculus, -i, m	„Menschlein", künstlich erzeugter Mensch
honor, -is, m	Ehre, Ruhm
hora, -ae, f	Stunden
Horen:	*Stundengebete*
Matutin	*Morgengebet („Mette")*
Prim	*Gebet zur ersten Stunde (6 Uhr)*
Terz	*Gebet zur dritten Stunde (9 Uhr)*
Sext	*Gebet zur sechsten Stunde (12 Uhr)*
Non	*Gebet zur neunten Stunde (15 Uhr)*
Vesper	*Abendgebet (18 Uhr)*
Complet	*Gebet zum Tagesende (21 Uhr)*
Vigil	*Gebet um Mitternacht*
humanitas, -atis, f	Menschlichkeit, Menschheit
humanus, -a, -um	menschlich

hyperbolisch (gr)	*(sprachlich) übertreibend*
Hypertrophie (gr)	*übermäßiges Wachstum*
Hypokrisie (gr)	*Heuchelei*
Hypokrit	*Heuchler*
hypokritisch	*scheinheilig, heuchlerisch*
Hypostase (gr)	*für sich Seiendes, Vergegenständlichtes*
hypostatisch	*die H. betreffend, für sich seiend*
Hypothese (gr)	*Annahme, angenommener Lehrsatz*
hypothetisch	*angenommen, bedingt gültig*

I J

id (eius, ei, id, eo)	es (Gen, Dat, Akk, Abl)
id quo maius cogitari nequit (bzw. **non potest**)	das, worüber hinaus Größeres nicht gedacht werden kann
idea, -ae, f	Urbild, Vorstellung
ideae innatae	angeborene Vorstellungen
idem, eadem, idem (Gen: eiusdem)	der-/die-/dasselbe
identisch	*ein- und dasselbe/derselbe/*

Identität	*dieselbe, völlig gleich* *Selbigkeit, Übereinstimmung*
idíoma, -atos, n (gr)	Eigenheit, Besonderheit (→ communicatio idiómatum)
Idiosynkrasie (gr)	*(krankhafte) Überempfindlichkeit*
i.e. (Abk)	id est = das ist / das heißt
igitur	also
ignorantia (*Ignoranz*)	Nichtwissen, Unwissenheit
docta ignorantia	gelehrte Unwissenheit (Augustin, Nikolaus von Cues)
ignorare	nicht wissen
ignoramus	wir wissen (es) nicht
ignorieren	*nicht zur Kenntnis nehmen*
IHS (Abk)	in hoc signo (vinces) = in diesem Zeichen (wirst du siegen); Christusmonogramm
imago, -inis, f	Bild, Abbild
imago dei	Ebenbild Gottes
imitatio, -onis, f	Nachahmung
imitatio Christi	Nachahmung Christi (Thomas a Kempis)
immanent	*innewohnend, diesseitig*

	(Ggtl: → *transszendent*)
immanentia/ *Immanenz*	Darinsein, Diesseitigkeit
immeare	hineingehen
immeatio, -onis, f	Hineingehen
immediatus, -a, -um	unvermittelt, unmittelbar
immutábilis, -e	unwandelbar (→ mutabilis)
immutabílitas, -atis, f	Unwandelbarkeit
impassibilis, -e	leidensunfähig
imperium, -ii, n	Herrschaft, Reich
impius, -a, -um	gottlos
iustificatio impii	die Rechtfertigung des Gottlosen
implēre	erfüllen
impletio, -onis, f	Erfüllung
impletor, -oris, m	Erfüller
impletus, -a, -um	erfüllt
Implikation *(lat)*	*Einbeziehung, Mitenthaltenes, Folgerung*
imponderábilis, -e	unwägbar
Imponderabilien	*Unwägbarkeiten*
impossíbilis, -e	unmöglich, unfähig
imputare	anrechnen, zurechnen

imputatio, -onis, f	Zurechnung
in (Präp + Akk oder Abl)	in, auf, an, gegen
in abstracto	in abstrakter Redeweise
in concreto	im Konkreten
in extenso	ausführlich, breit
in praxi	im Tun, im Vollzug
inaugurieren	*einsetzen, in Gang setzen*
incarnatus, -a, -um	fleischgeworden, menschgeworden
inchoativ	*einleitend*
increatus, -a, -um	ungeschaffen
incrementum, -i, n	Wachstum, Zunahme
indicium, -ii, n	Anzeichen
individuus, -a, -um	ungeteilt
indivisus, -a, -um	ungeteilt
indūcere	einführen, folgern
induzieren	*→ inducere*
Induktion	*(Schlußfolgerung vom Einzelnen aufs Allgemeine)*
induktiv	*vom Einzelnen aufs Allgemeine schließend (Ggtl: → deduktiv)*
ínferi (Pl)	(die) Verstorbenen,

	Unterirdischen
inferior	geringer, unterlegen
inferióritas, -atis, f	Unterlegenheit, Minderwertigkeit
infernum, -i, n	Unterwelt, „Hölle"
infinitum, -i, n	Unendliches, das Unendliche
finitum non capax infiniti	das Endliche (kann) das Unendliche nicht fassen
infirmus, -a, -um	schwach, krank
infirmitas, -atis, f	Schwäche, Krankheit
infra	unter, unterhalb, diesseits
infralapsarisch (lat)	*nach dem Fall (Ggtl: → supralapsarisch)*
infusio, -onis, f	Eingießung
infusus, -a, -um	eingegossen
inimicitia, -ae, f	Feindschaft
inimīcus, -a, -um	feindlich, Feind(in) (Ggtl: → amicus)
iníquitas, -atis, f	Ungerechtigkeit
inkohativ	(→ *inchoativ*)
INRI (Abk)	Iesus Nazarenus Rex Iudaeorum = Jesus von Nazareth, König der Juden
inseparabilis, -e	untrennbar

insipiens	unweise, töricht, der Tor (Ggtl: → sapiens)
insistieren (lat)	*bestehen (auf), beharren*
institutio, -onis, f	Unterricht, Einweisung
ínteger, -gra, -grum	unversehrt
integratio, -onis, f	Zusammenfügung
integritas, -atis, f	Unversehrtheit
intellectus, -us, m	Verstand, Einsicht
intelligentia, -ae, f	Verstehen, Denkvermögen
intelligere	verstehen
intentio, -onis, f	Gerichtetheit, Absicht, Ziel, *Intention*
Intension	*Begriffsinhalt (Ggtl: → Extension)*
inter (Präp + Akk)	zwischen, bei
intercessio, -onis, f	Eintreten (für), Fürsprache
interludium, -i, n	Zwischenspiel
intérpres, -etis, m	Ausleger(in)
interpretatio, -onis, f	Auslegung
Introitus (lat)	*Eingang, Einzug, lit. Eingangsstück*
inventio, -onis, f	Einfall, Erfindung
Investitur (lat)	*Einkleidung, Einsetzung in ein Amt*

invisibilis, -e	unsichtbar
invocare	anrufen
Invokavit	„*Er hat (mich) angerufen*" (Ps 91, 15) 6. Sonntag vor Ostern
ipse, ipsa, ipsum (Gen: ipsīus)	selbst
ipsissima vox	„die höchst eigene Stimme", (meist zur Kennzeichnung eines historisch als ursprünglich erwiesenen Satzes, etwa eines Wortes Jesu o.a.)
ipso facto	durch die Tatsache als solche, als solches, aus sich selbst heraus
irresistibilis, -e	unwiderstehlich
irreversibel (lat)	*unumkehrbar*
is (eius, ei, eum, eo)	er (Gen, Dat, Akk, Abl)
iubēre	befehlen, gebieten
iubeo	ich gebiete
iubet	er befiehlt
iubilare	jauchzen, jubeln
Jubilate	„*Jauchzt (Gott, alle Welt)*"

	(Ps 66, 1)
	3. Sonntag nach Ostern
iudex, -icis, m	Richter
Iudicum (Gen Pl)	(Buch der) Richter
iudicare	richten, urteilen
Judika	„*Richte (mich, Gott)*"
	(Ps 43, 1)
	2. Sonntag vor Ostern
iudicium, -ii, n	Urteil, Gericht(sspruch)
ius, iuris, n	Recht
iustificare	rechtfertigen
iustíficans	rechtfertigend
iustificatio, -onis, f	Rechtfertigung
iustificatus, -a, -um	gerechtfertigt(e/er/es)
iustitia, -ae, f	Gerechtigkeit, Recht
iustitia aliena	fremde Gerechtigkeit
iustus, -a, -um	gerecht

Wörter, die mit „j" beginnen → „i"

K

Fremd-, Lehnwörter, die mit „k" beginnen → „c"

kausal, causal	*ursächlich* (→ causa)
Kantate	→ cantare
Kenose /Kenosis (*gr*)	*Entleerung, Entäußerung*
Kohelet (*hebr*)	*„Predigerin", Prediger(buch),* → *Ecclesiastes*
Komparativ	→ comparare
kompatibel (*lat*)	*(miteinander) vereinbar*
Kompendium (*lat*)	*kurzgefaßtes Lehrbuch*
konfessorisch	*bekennend* (→ confessio)
Konkordie	*Eintracht* (→ concordia)
Konkordienformel	*luth. Einigungsbekenntnis*
Konglomerat (*lat*)	*Gemisch*
Kongregationalismus	*Konfessionen, die die Unabhängigkeit der Einzelgemeinde betonen*
konsekrieren	*weihen* (→ consecrare)
Konsistenz (*lat*)	*Widerspruchsfreiheit*
konstitutiv (*lat*)	*grundlegend, wesenhaft*
Kontemplation (*lat*)	*Betrachtung, Sichversenken*
kontemplativ	*betrachtend*

kontingent (*lat*)	*nicht-notwendig, möglich*
Kontingenz	*Möglichkeit [des (nicht) so Seins]*
kontradiktorisch (*lat*)	*ausschließend gegensätzlich*
Kontradiktion	*ausschließender Widerspruch*
konträr	*nicht ausschließend gegensätzlich*
Kontrarietät	*nicht ausschließender Widerspruch*
Konventikel (*lat*)	*kleine (private) Versammlung*
konvergent (*lat*)	*sich annähernd, zusammenstrebend*
Konvergenz	*Annäherung, Zusammenstreben (Ggtl: → Divergenz)*
Konversion	*→ conversio*
konvertieren	*in eine (andere) Kirche übertreten*
Konvertit(in)	*der/die in eine andere Kirche Übergetretene*
Kopula (*lat*)	*Bindewort /Hilfsverb zwischen Subjekt und Prädikat*
Kopulation	*Verbindung, Verschmelzung, Begattung*
Korrelation	*Wechselbeziehung, gegenseitiges Bezogensein*
	→ correlatio

Korrespondenz *(lat)*	*Beziehung, Entsprechung*
korrespondieren	*in Beziehung stehen*
Kreatianismus	*Lehre, nach der jede menschliche Seele eine Neuschöpfung Gottes ist (Ggtl: → Traduzianismus)*
Kreationismus	*Lehre von der historischen Richtigkeit der biblischen Schöpfungsaussagen (gegen die Evolutionstheorie gerichtet)*
Krypto- *(gr)*	*heimlich, Geheim-*
Kurie *(lat)*	*(päpstlicher) „Hof", Spitze der römisch-katholischen Hierarchie*
kyrie *(gr)*	*Herr (Anrede, Anruf)*
kyrie eleison!	*Herr, erbarme dich!*

L

laborare	arbeiten, sich mühen
laetari	sich freuen, Freude zeigen
Lätare	*„Freut euch (mit Jerusalem)" (Jes 66, 10) 3. Sonntag vor Ostern*

Lamentationes (Ieremiae)	Klagelieder (Jeremias) → Threni
lapsi, -orum, m, Pl	„die Gefallenen"; Christen, die in den Verfolgungen des 2./3.Jh. ihren Glauben verleugnet haben
lapsus, -us, m	Fall, Sündenfall
lasziv (lat)	*schlüpfrig, zweideutig, unzüchtig*
laudare	loben
laudamus tē	wir loben dich
laudatio, -onis, f	Lobrede, Lobpreisung
laus, laudis, f	Lob
laudes	„Lobgesänge" (Morgenlob, Matutin, → Horen)
l.c. (Abk)	loco citato = am angegebenen Ort
lectio, -onis, f	Lesung, Lesart
lectio brevior	kürzere Lesart
lectio difficilior	schwierigere Lesart
lectio difficillima	schwierigste Lesart
lectio potior	vorzuziehende Lesart
legal	*gesetzmäßig, dem Gesetz entsprechend*

legatio, -onis, f	Gesandtschaft, Amt des Gesandten
leges	→ lex
legislator, -oris, m	der Gesetzgeber
legitim	*rechtmäßig*
lex, legis, f	Gesetz
leges (Pl)	Gesetze
lex credendi	Notwendigkeit zu glauben
lex orandi	Notwendigkeit zu beten
libellatici, -orum, m, Pl	Christen, die sich eine Bescheinigung über (angeblich) dargebrachte Opfer haben ausstellen lassen (→ libellus)
libellus, -i, m	„Büchlein", Bescheinigung
liber, -a, -um	frei
liberum arbitrium	der freie Wille (Ggtl: servum → arbitrium)
libertas, -atis, f	Freiheit
limen, liminis, n	Schwelle, Eingang, Grenze
a limine	von vornherein, von Anfang an
liquet	es ist klar/erwiesen
locupletieren	*bereichern, ausstatten*

lócus, -i, m (kurzes o!)	Ort, Satz, Thema, Artikel
lōci communes	allgemeine Grundaussagen
lōci theológici	Glaubensartikel (Melanchthon)
locutus est (→ loqui)	er hat geredet/gesprochen
Roma locuta, causa finita	Rom hat gesprochen, der Fall ist abgeschlossen
locutio, -onis, f	Rede(weise), Sprechen
loquens	redend, sprechend
loqui	reden, sprechen
loquendum	(zu) reden/sagen ist
loquendi	des Redens
ludens	spielend
homo ludens	der spielende Mensch
lumen, luminis, n	Licht
Lumen gentium	Licht der Völker (Vaticanum II)
lumen naturale	das natürliche Licht (der Vernunft)
lupus, -i, m	der Wolf
homo homini lupus	der Mensch (ist) dem Menschen ein Wolf (Hobbes)
LXX	(lat für 70) → Septuaginta

magnificare	groß machen, erheben
Magnifikat	„*(Meine Seele) erhebt (den Herren)*"
	Lobgesang der Maria (Luk 1, 46ff)
magnus, -a, -um	groß
maior, -us	größer
maximus, -a, -um	größte(r)
malus, -a, -um	böse, schlecht
peior, -peius	schlechterer
pessimus, -a, -um	schlechteste(r)
malum, -i, n	(das) Böse
manēre	bleiben
manet	er/sie/es bleibt
manémus	wir bleiben
manent	sie bleiben
manus, -us, f	Hand
materia, -ae, f	Materie, Stoff
materialiter (Adv)	inhaltlich (Ggtl: → formaliter)
maxime (Adv)	bei weitem, weit
maximus, -a, -um	größte(r) (→ magnus)

me (Akk) (auch Abl)	mich
mecum	mit mir, um mich (→ cum, me)
mediā vitā	mitten im Leben
medias in res	mitten in die Sache(n) hinein, unmittelbar zur Sache
mediator, -oris, m	Mittler
mediatus, -a, -um	vermittelt, mittelbar
meditatio, -onis, f	Meditation, Betrachtung, Bedenken
meditatio mortis	Bedenken des Todes
meditatio vitae futurae	Bedenken des zukünftigen Lebens
medium, -ii, n	Mitte, Medium, Mittel
medium salutis	Heils- /Gnadenmittel
melior, melius	bessere(r) (→ bonus)
memento	gedenke
memento mori	denke (daran, daß du) sterben (mußt)
memoria, -ae, f	Gedächtnis, Erinnerung
mens, mentis, f	Verstand
mensura, -ae, f	Maß, Messung
mere (Adv)	bloß, nur
metrum, -i, n	Maß, Versmaß, Takt

metus, -us, m	Furcht
metus dei	Gottesfurcht
sine metu dei	ohne Gottesfurcht
Midrasch (hebr)	*schriftgelehrte(s) Auslegung(sverfahren) (des AT) (von hebr darasch: suchen, fragen nach)*
minus	weniger
a minore ad maius	(Schluß) vom Geringeren auf das Größere
miser, -a, -um	elend, arm, unglücklich
miserēre (nobis)	erbarme dich (unser)
misericordia, -ae, f	Barmherzigkeit, Mitleid
Miserikordias Domini	*„(Die Erde ist voll der) Barmherzigkeit des Herrn" (Ps 33, 5); 2. Sonntag nach Ostern*
missa, -ae, f	Messe
missio, -onis, f	Sendung
modal	*die Art und Weise betreffend*
Modalität	*Seinsweise (→ modus)*
modifizieren	*verändern*
modus, -i, m	die Art/Weise, Seinsweise
mors, mortis, f	der Tod

ante/post mortem	vor/nach dem Tod
in morte	im Tode
mediā vitā in morte sumus	mitten im Leben sind wir im Tod
mortalis, -e	sterblich
mortales, -ium (Pl)	die Sterblichen
Mortalität	*Sterblichkeit*
mortificatio, -onis, f	Tötung, Abtötung
mortificatio carnis	Abtötung des Fleisches
mortuus, -a, -um	tot
de mortuis nihil nisi bene	über Tote nur Gutes (sagen)
movēre	bewegen
movens	bewegend, Beweggrund
Motiv	*Beweggrund, Antrieb*
mundus, -a, -um	sauber, fein, zierlich, anständig
mundus, -i, m	Welt, Menschheit, Erde
mundus intelligibilis	die verstehbare Welt
mundus sensibilis	die sinnlich wahrnehmbare Welt
munus, -eris, n	Pflicht, Amt, Gabe, Dienst (→ officium)
munus propheticum	das prophetische Amt (Christi)

munus regale/ regium	das königliche Amt (Christi)
munus sacerdotale	das priesterliche Amt (Christi)
munus triplex	das dreifache Amt (Christi)
mutabilis, -e	wandelbar, veränderbar
mutabilitas, -atis, f	Wandelbarkeit
mutare	verwandeln
mutabor	„ich werde verwandelt werden" (Kalif Storch)
mutatio, -onis, f	die Verwandlung
mutatis mutandis	mit gewissen Veränderungen
mutuus, -a, -um	gegenseitig, wechselseitig
Mystagoge (gr-lat)	*in die Mysterien einführender Priester*
Myste, der (gr-lat)	*Eingeweihter eines Mysterienkultes*
Mysterienkult	*nur eingeweihten zugängl. Götterkulte*
mysterium, -ii, n	das Geheimnis
mysterium fascinosum	das anziehende/fesselnde Geheimnis
mysterium tremendum	das erschreckende/ erschauern machende Geheimnis

N

narrare	erzählen
narratio, -onis, f	die Erzählung
narrativ	*erzählend*
nasci	geboren werden
nascitur	er/sie wird geboren
nascuntur	sie werden geboren
natura, -ae, f	Natur, Wesen
naturalis, -e	natürlich, naturgemäß, wesenhaft
natus, -a, -um	geboren
NC (Abk)	Nicaeno-Constantinopolitanum (Glaubensbekenntnis der Alten Kirche, 381 n.Chr.)
nec	und nicht
nec... nec...	weder... noch...
necessarius, -a, -um	notwendig
necesse (Adv)	notwendig
necessitas, -atis, f	Notwendigkeit (Ggtl: → contingentia)
necessitas scripturae	Notwendigkeit der (Hlg) Schrift (sc zur Bewahrung des

	Glaubens)
nectere	(ver)knüpfen, binden
	(→ nexus)
nefas, n (undeklimiert)	Frevel, Sünde
per nefas	freventlich, zu Unrecht
negare	verneinen, leugnen
nego	ich verneine
	(Ggtl: → affirmo)
neque... neque	weder... noch...
nequit	er/sie kann nicht
(= non potest)	
(id) quo maius	(das) worüber hinaus
cogitari nequit	Größeres nicht gedacht
	werden kann
	(= Gottesprädikat nach
	Anselm von Canterbury)
neutrum	keines von beiden
	(weder m noch f)
nexus, -us, m	Verbindung, Zusammenhang
	(→ nectere)
nihil (auch: *nil*)	nichts
ex níhilo	aus nichts
n.n. (Abk)	nomen nominandum = der
	Name ist erst noch

	anzugeben
nobis	(durch/für) uns (→ nos)
noëtisch (*gr*)	*das Erkennen betreffend, erkenntnismäßig*
nolle	nicht wollen
nolens volens	widerwillig
noluntas, -atis, f	Nichtwollen, Unwille (Ggtl: → voluntas)
nomen, -inis, n (Pl: nomina)	Name, Substantiv
Nominalismus	*Philos. Richtung, die den → Universalien keine eigene Wirklichkeit zuerkennt (Ggtl: → Realismus)*
non liquet	es ist nicht klar (sc erkennbar)
norma, -ae, f	Norm, Regel
norma normans	grundlegende Norm
norma normata	abgeleitete Norm
nos (Nom, Akk)	wir/uns
nōsse	wissen
noster, nostra, nostrum	unser(e)
nota, -ae, f, (Pl: notae)	Merkmal, Kennzeichen

nota ecclesiae	Kennzeichen der Kirche
notitia, -ae, f	Wissen, Kenntnis (→ nosse)
novissima	die neuesten (sc. Dinge), die letzten (Dinge)
de novissimis	(Lehre) von den letzten (Dingen), Eschatologie
novus, -a, -um	neu
novarum rerum cupidus	nach Neuem begierig
nuce	→ nux
nudus, -a, -um	nackt, bloß
nullus, -a, -um	kein
numen, -inis, n	Wink, (göttlicher) Wille, Gottheit
numinosum	göttliches
numerare	(auf-, aus-)zählen, rechnen, numerieren
numerus, -i, m	Zahl, Ziffer, Takt, Vers
nunc	jetzt
Nunc dimittis	→ dimittere
nuptiae, -arum, f	die Hochzeit, die Ehe
Nupturienten	*die Brautleute, das Brautpaar*
nux, nucis, f	Nuß, Kern, Inbegriff
in nuce	im Kern

O

oboedientia, -ae, f Gehorsam
obscuritas, -atis, f Dunkelheit, Unbekanntheit
obscurus, -a, -um dunkel, verborgen, unbekannt
obsolēt (lat) *veraltet*
ōculus, -i, m Auge
  Okuli „(Meine) Augen (sehen den Herrn)" (Ps 25, 15)
    4. Sonntag vor Ostern
oeconomia, -ae, f Verwaltung, Einrichtung
  oeconomia salutis Heilsökonomie, Heilsplan
officium, -ii, n Amt
OFM (Abk) Ordo Fratrum Minorum (Franziskaner)
om. = omittit, omittunt
omittere auslassen
  omittit er/sie/es läßt aus
  ommittunt sie lassen aus
omnis, omne ganz, jede(r,s)
omnes alle
omnia (n, Pl) alles
omnibus für alle

omnípotens, -tis	allmächtig
credimus in patrem omnipotentem	wir glauben an den allmächtigen Vater
Omnipotenz	*Allmacht*
Omnipräsenz	*Allgegenwart*
Omniszienz	*Allwissenheit*
OP (Abk)	Ordo Praedicatorum (Dominikanerorden)
op. cit.	→ opus
opera, -rum, n Pl	Werke (→ opus)
opera ad extra	Werke (sc der Trinität) nach außen
opera ad intra	Werke (sc der Trinität) nach innen
operans (Pt Präs)	wirkend (→ operare)
operare	wirken
operatio, -onis, f	Wirkung, Handlung
opinio, -onis, f	Meinung
communis opinio	allgemeine Auffassung
optimus, -a, -um	beste (r) (→ bonus)
opus, operis, n	Werk, Handeln, Tat
op. cit. (Abk)	opere citato = im angegebenen Werk
opus alienum	fremdes Werk

opus dei	Werk Gottes
opus hominis	Werk des Menschen
opus operantis	„Werk des Vollziehenden" (d.h. das Sakrament als Tat des Spenders)
opus operatum	vollzogenes Werk, ausgeteiltes Sakrament
ex opere operato	„aus dem vollzogenen Werk" (d.h. ein Sakrament ist gültig allein durch den rechten Vollzug)
orare	beten
ora et labora	bete und arbeite!
oratio, -onis, f	Gebet
oratio continua	ständiges Gebet, Beten ohne Unterlaß (1 Th 5,17)
ordinatio, -onis, f	Anordnung, Beauftragung, Einsetzung, Ordination, Weihe
ordo, -inis, m	Reihe, Ordnung, Stand, Orden
ordo cognitionis/ ordo cognoscendi	Reihenfolge des Erkennens
ordo essendi	Seinsfolge, Seinsordnung

ordo rei	Sachfolge
ordo salutis	Heilsordnung
OESA (Abk)	Ordo Fratrum Eremitarum Sancti Augustini (Orden der Augustiner Eremiten)
OSA (Abk)	Ordo Fratrum Sancti Augustini (Augustinerorden)
ovum, -i, n	Ei
ab ovo	„vom Ei (an)", von Anfang an

P

p.	pagina = Seite
pp.	paginae = Seiten
pc.	→ pauci
Paenúltima (lat)	*vorletzte Silbe eines Wortes*
parallelismus membrorum	Parallelität der Verszeilen (poet. Form im AT)
pars, -tis, f	Teil, Anteil
pars pro toto	„ein Teil für das Ganze" (Redewendung, B: „unter mein Dach" statt „in mein

	Haus")
partiáliter (Adv)	teilweise
participatio, -onis, f	Teilnahme, Teilgabe
p. omnium bonorum	Teilgabe an allen Gütern
particula, -ae, f	Teil, Partikel
particula exclusiva	ausschließende Partikel (z.B. → sola)
particula veri	ein Stück Wahrheit
partim	teilweise, teils
partim... partim...	teils... teils...
pass.	passim = an verschiedenen Stellen, verstreut
passio, -nis, f	Leiden
passio iusti	das Leiden des/eines Gerechten
passivum	Passiv
pater, -tris, m	Vater
pater noster	Vater unser
paternitas, -atis, f	Vatersein, Vaterschaft
patibulum, -i, n	Kreuz, Galgen
pauci	wenige
pauper, -a, -um	arm
biblia pauperum	Armenbibel
pax, pacis, f	Friede

et in terra pax	und Friede auf Erden
peccare	sündigen
pecca fortiter, sed crede fortius	sündige tapfer, aber glaube tapferer (Luther)
peccator, -oris, m, (Pl: peccatores)	Sünder
peccatrix, -icis, f	Sünderin
peccatum, -i, n	Sünde
peccatum actuale	Tatsünde
peccatum originale	Ursünde („Erbsünde")
peccatum radicale	Grundsünde, Sündersein
peior, -ius	schlechter (→ malus)
pejorativ	*verschlechternd, abschätzig*
pélagus, -i, n	Meer, offene See
per (Präp + Akk)	durch, hindurch
per aspera ad astra	„durch Rauhes zu den Sternen", durch Mühen zum Erfolg
per se	durch sich selbst, von selbst
perdere	vernichten, verderben, zerstören
perditus, -a, -um	verloren (→ perdere)
perennis, -e	dauernd, beständig
perfectio, -nis, f	Vollendung,

	Vervollkommnung
perficere	vollenden
gratia pérficit naturam	die Gnade vollendet die Natur (Thomas v. Aquin)
permixtus, -a, -um	durchmischt
perpetuus, -a, -um	durchgängig, fortdauernd
perpetuum mobile	das fortdauernd (ohne Energiezufuhr) sich Bewegende
perpetuieren	*fortsetzen*
persona, -ae, f	Person
personalis, -e	die Person betreffend, Person-
perspicere	durchschauen
perspicuitas, -atis, f	Durchschaubarkeit, Klarheit
perspicuitas scripturae	Verstehbarkeit der (Hlg) Schrift
pervertere	umdrehen, umstürzen
Perversion	*Verkehrung, Verdrehung*
pessimus, -a, -um	schlechtester (→ malus)
petitio, -onis, f	Forderung
petitio principii	Erschleichung des Beweisgrunds (d.h. Unbewiesenes wird als

	bewiesen ausgegeben)
pietas, -atis, f	Frömmigkeit
pius, -a, -um	fromm
pia desideria	„fromme Wünsche" (Spener)
placēre	gefallen
placuit	es hat gefallen
plenipotentia, -ae, f	Vollmacht
plenitudo, -inis, f	Menge, Fülle
plenus, -a, -um	voll, erfüllt
Pleonasmus (gr)	*(Ausdruck, bei dem das im Nomen enthaltene Attribut zusätzlich genannt wird; unnötige Verdoppelung, B: weißer Schimmel, runder Kreis)*
Plurale tantum	*(Nomen, das) nur (im) Plural (vorkommt)*
plurālitas, -atis, f	Vielheit (Ggtl. → unitas)
pm (Abk)	permulti = sehr viele
poena, -ae, f	Strafe
poenitentia, -ae, f	Buße
ponere	setzen, stellen, legen
pon = ponit, ponunt	er/sie setzt, sie setzen
positum	gesetzt, gegeben
Positivismus	*sich auf das Gegebene/*

	Vorhandene beziehende Theorie (antimetaphysisch)
portio, -onis, f	Anteil, Verhältnis
Positiv	*1. Grundstufe des Adjektivs (B: gut, hoch)*
	2. Kleine Orgel ohne Pedal
	3. der Wirklichkeit entsprechendes Foto,
	(Ggtl: Negativ → negare)
posse	können
posse non peccandi/ posse non peccare	nicht zu sündigen brauchen
non posse non peccandi/... non peccare	sündigen müssen
possum	ich kann
potes	du kannst
potest	er/sie/es kann
possumus	wir können
potestis	ihr könnt
possunt	sie können
post (Präp + Akk)	nach
post festum	nach dem Fest, im nachhinein
Postludium	*Nachspiel*
Postskriptum	*Nachsatz*

Postulat	*Forderung, Setzung*
postulieren	*fordern, als Bedingung setzen*
potentia, -ae, f	Macht
potentiā (Abl)	der Möglichkeit nach (Ggtl: → actu)
potes(t)	(→ posse)
prae (Präp + Abl)	voraus, vorher
praeambulum, -i, n	Präambel, vorangestellter Satz
praeambulum fidei	dem Glauben vorgeordneter Satz (z.B. von der Existenz Gottes)
praeceptum, -i, n	Vorschrift, Gebot
praedestinatio, -onis, f	Vorherbestimmung
praedicare	aussagen, benennen, predigen
praedicatio, -onis, f	Aussage, Verkündigung
praedicator, -oris, m	Prediger, Prädikator
Prädizierbarkeit	*Aussagbarkeit*
prädizieren	*aussagen*
präjudizieren (lat)	*vorweg urteilen, einem Urteil vorgreifen*
Praeludium	*Vorspiel*
Prämisse (lat)	*Voraussatz eines logischen*

	Schlusses, Voraussetzung
praeparatio, -onis, f	Vorbereitung
praescire	im voraus/vorher wissen
praesens	gegenwärtig
praesumptio, -onis, f	Anmaßung, Vermessenheit
präsum(p)tiv	*vermutlich, wahrscheinlich*
Präszienz	*Vorherwissen* (→ praescire)
Praeteritum	*Vergangenheit*
praeveniens	vorlaufend, zuvorkommend
gratia praeveniens	zuvorkommende Gnade
primatus, -us, m	erste Stelle, Vorrang
primatus papae	Vorrangstellung des Papstes
(der) Primat	*(die) Vorrangstellung*
primitiae, -arum, f	Erstlinge, erster Ertrag
Primiz	*erste Messe des neugeweihten röm.-kath. Priesters*
primo (Adv)	zuerst, zunächst
primus, -a, -um	erster
principalis, -e	Haupt-, hauptsächlich
principium, -ii, n	Ursprung, Anfang
privatio, -onis, f	Beraubung, Mangel
privatio boni	Mangel an Gutem
pro (Präp + Abl)	für, statt
pro me (nobis)	für mich (uns)

processio, -onis, f	Hervorgehen
profan (lat)	*„vor dem Heiligtum", weltlich, nicht heilig*
progressio, -onis, f	Fortschritt, Steigerung
prohibitiv (lat)	*verhindernd*
prolongare	verlängern
prolongatus	verlängert
Pronomen (Pl: Pronomina)	*Fürwort*
promíscue (Adv)	vermischt
promissio, -onis, f	Verheißung, Zusage
promissorisch	*die Verheißung betreffend, verheißend*
propiatorisch (lat)	*versöhnend*
propinquus, -a, -um	benachbart, nahe
propositio, -onis, f	Satz, Urteil
proprietas, -atis, f	Eigenheit, Eigentum
proprius, -a, -um	eigen, zugehörig, rein
propter (Präp + Akk)	wegen (+ Gen)
propter nos homines	wegen uns Menschen
propter nostram salutem	wegen unseres Heils
proverbium, -ii, n	Sprichwort
Proverbia	*(Buch der) Sprüche (Salomos)*

providentia, -ae, f	Vorsehung
PS *(Abk)*	→ *Postskriptum*
punire	bestrafen (→ poena)
punitio, -onis, f	Bestrafung, Strafe
purgare	reinigen
purgatorium, -ii, n	Reinigungsort, Fegefeuer
purus, -a, -um	rein, sauber
Puritaner	*strenge Richtung im Anglikanismus*

Q

q.e.d.	Abk. für → quod erat demonstrandum
Quadrilateral	*„Viereck", 1. hermeneut. Prinzip meth. Theologie (Schrift, Tradition, Erfahrung, Vernunft) 2. anglikan. „Lambeth-Viereck": Schrift, NC, Sakramente, Bischofsamt*

Quadrivium	*Arithmetik + Geometrie +* *Astronomie + Musik* *(→ artes liberales)*
quae (Rel Pron, f Sg oder n Pl)	welche, die (→ qui)
quaerere	fragen, suchen
quaerens (Pt Präs)	fragend, suchend
quaestio, -onis, f	Frage
quaestio facti	Frage nach dem Geschehenen, Tatfrage
quaestio iuris	Rechtsfrage
qualis, -e	wie geartet, wie beschaffen
quandoque (Adv)	irgendeinmal, dann und wann
quasi	als ob, wie
Quasimodogeniti *(lat)*	*„Wie die neugeborenen* *(Kindlein)" (1 Pt 2, 2)* *1. Sonntag nach Ostern*
Quempas *(lat)*	Von: *Quem pastores laudavere* *(Luk 2, 20), „Den die Hirten* *lobeten sehre", (Weihnachts-* *gesang/-liederheft)*
qui, quae, quod (Rel Pron)	welcher, welche, welches
quid	was

quid pro quo	„was für was", Durcheinander, Verwechslung
quidquid	was auch immer
quo	wohin (! auch: qui/quod im Abl)
quo vadis?	wohin gehst du?
quod (Konj)	daß
quod (RelPron)	was, welches (→ qui)
quod erat demonstrandum	was zu beweisen war
quod supra nos nihil ad nos	was uns(ere Erkenntnis) über(steigt), (geht) uns nichts an
Quodlibet (lat)	*„Was beliebt" (beliebig zu singende /zu spielende Stimme in einem Lied- oder Spielsatz)*

R

ratio, -onis, f	Vernunft, Grund, Lehrmeinung
ratio cognoscendi	Erkenntnisgrund
ratio essendi	Seinsgrund

ratio finiendi	Grund der Vollendung
ratio principandi	Grund des Beginnens
rationalis, -e	vernünftig
→ **animal rationale**	vernunftbegabtes Lebewesen, Mensch
realis, -e	wirklich
realiter (Adv)	wirklich
Realismus	*philos. Richtung, die den* → *Universalien eine eigene Wirklichkeit zugesteht (Ggtl:* → *Nominalismus)*
rebus (Abl Pl)	→ res
recognitio	→ cognitio
rectum, -i, n	das Rechte, Gerade, Einfache
rectus, -a, -um	recht, richtig
recte (Adv)	mit Fug und Recht, richtig, recht
redemptio, -onis, f	Erlösung
redemptor, -oris, m	Erlöser, Befreier
redintegratio, -onis, f	Wiederherstellung, Erneuerung
reductio ad absurdum	Erweis der Widersinnigkeit/ des inneren Widerspruchs (einer Behauptung)

reflexiv (lat)	*rückbezüglich*
regnare	herrschen
regnans	herrschend
regnatus, -a, -um	beherrscht
regnum, -i, n	Reich, Herrschaft
regnum gloriae	Reich der Herrlichkeit
regnum gratiae	Reich der Gnade
regnum naturae	Reich der Natur
regressus, -us, m	Rückgang, Rückzug
regressus in infinitum	Rückgang ins Unendliche (im Verfolgen einer Kausalkette)
regula, -ae, f	Regel
regula aurea	goldene Regel (B: Matt 7, 12)
Regum (Gen Pl)	→ rex
reincarnatio, -onis, f	Wiederfleischwerdung, -einkörperung, Reinkarnation
Relat (lat)	*Beziehungspunkt*
Relation	*Bezogensein, Beziehung*
relativ	*bezüglich, bedingt (Ggtl: → absolut)*
religio, -onis, f	Religion, Gottesverehrung
religio(nes) falsa(e)	falsche Religion(en)
religio vera	wahre Religion

reliqui	die übrigen
rell.	→ reliqui
remedium, -ii, n	Heilmittel, Medizin
reminisci	(sich) erinnern, sich besinnen, gedenken
Reminiszenz	*Erinnerung*
Reminiszere	*„Gedenke (Herr, der Barmherzigkeit)" (Ps 25, 6) 5. Sonntag vor Ostern*
remotus, -a, -um	entfernt, abgesehen von
remota fide	abgesehen vom Glauben
remoto Christo	ohne Christus
removēre	beiseitestellen, wegbewegen
repristinieren	*wiederbeleben, wiederherstellen*
Repristination	*Wiedererrichtung (eines früheren Zustandes), Wiederbelebung (einer alten Theorie o.ä.)*
reprobatus, -a, -um	verworfen
repugnare	widerstreben, widerstehen
requiescere	ruhen
requiem aeternam dona eis	gib ihnen die ewige Ruhe
requiescat in pace	er/sie ruhe in Frieden

res, rei, f	Sache, Ding, Angelegenheit
rebus sic stantibus	so wie die Dinge liegen
res cogitans	„denkendes Ding" – z.B. Mensch (Descartes)
res extensa	„ausgedehntes Ding" – alles nichtdenkende Seiende, z.B. Tier, Pflanze, Unbelebtes
Residuum, -i, n	*Überrest, Rückstand*
respondēre	antworten
Responsorium	*Wechselgesang*
restitutio, -onis, f	Wiederherstellung
restitutio ad integrum	W. des früheren (unberührten) Zustandes (→ *repristinieren*)
reus, -a, -um	angeklagt
in dubio pro reo	im Zweifel für den Angeklagten
revelare	offenbaren
revelatio, -onis, f	Offenbarung
revelatorisch	*offenbarend, Offenbarungs-*
revelatus, -a, -um	geoffenbart, offenbar
rex, regis, m	König
Regum (Gen Pl)	(Buch) der Könige
rogare	fragen, beten, einladen

Rogate	„*Betet!*"
	5. Sonntag nach Ostern
rudimentum, -i, n	erster Versuch, Probestück
rudimentär	*ansatzweise, (noch) unvollständig*

S

sacer, sacra, sacrum	heilig
sacrificium, -ii, n	Opfer
sacrificium intellectus	Opfer des Verstandes, Verzicht auf eigenes Nachdenken
saeculum, -i, n	Jahrhundert, Zeitalter
salus, -utis, f	Heil, Rettung
salutare	Heil wünschen, grüßen
salutaris, -e	heilsam, heil-
salutatio, -onis, f	Gruß
salutíferus, -a, -um	heilbringend
salvator, -oris, m	Retter, Heiland
salvē/salvēte	sei gegrüßt/seid gegrüßt
sanctificare	heiligen
sanctificatio, -onis, f	Heiligung

sanctus, -a, -um	heilig
satisfactio, -onis, f	Genugtuung
satisfactio operis	Genugtuung durchs Werk (→ confessio oris, contritio cordis)
sc (Abk für scilicet)	nämlich, ergänze
scribere	schreiben
scripsi	ich habe geschrieben
scriptura, -ae, f	Schrift (Bibel)
scriptus, -a, -um	geschrieben
SDG	Soli Deo Gloria = Gott allein die Ehre
sectio, -onis, f	Abschnitt
secundum (Präp)	gemäß
secundus, -a, -um	zweiter
securitas, -atis, f	Sicherheit
securus, -a, -um	sicher
secutus	→ sequi
semel	einmal
semetipsam interpretandi facultas	die Selbstauslegungskraft (sc der Heiligen Schrift)
semper	immer
semper idem	immer derselbe (dasselbe)
sensus, -us, m	Empfinden, Sinn, Meinung

sensu stricto	im genauen Sinn
sensus allegoricus	übertragene Bedeutung
sensus anagogicus	eschatologische Bedeutung
sensus literalis	wörtliche Bedeutung
sensus moralis	moralische Bedeutung
septem	sieben
septuaginta	siebzig
Septuaginta (LXX)	*griechischer Text des Alten Testaments (nach der angebl. Zahl der Übersetzer)*
Septuagesimae	*9. Sonntag vor Ostern*
sequi	folgen
sequēla, -ae, f	Nachfolge
secutus sum	ich bin gefolgt
servus, -i, m	Sklave, Knecht
servum arbitrium	unfreier Wille
sessio, -onis, f	Sitzen, Platz
seu	oder
sextus	sechster
Sexagesimae	*8. Sonntag vor Ostern*
sexaginta	sechzig
si	wenn
sic	so, ja
sic et non	„ja und nein", (scholastische

	Methode der Zusammenstellung von Autoritäten, sc der Bibel- und der Kirchenväterzitate; Petrus Abaelard, Petrus Lombardus)
significare	bezeichnen
significatio, -onis, f	Bezeichnung, Kennzeichnung
significatum, -i, n	(das) Bezeichnete(s)
signum, -i, n	Zeichen
similis, -e	ähnlich
similitudo, -inis, f	Ähnlichkeit
simplex	einfach, schlicht
simplicitas, -atis, f	Einfachheit
simul	zugleich
simul iustus et peccator	gerecht und Sünder zugleich
sine	ohne
sine fiducia erga Deum	ohne Vertrauen auf Gott
sine metu Dei	ohne Gottesfurcht
sine operibus	ohne Werke
singularis, -e	einzig(artig)
Singulare tantum	(Nomen, das) nur (im)

	Singular (vorkommt)
	(Ggtl: → plurale tantum)
sistieren *(lat)*	*einstellen, festnehmen, stillegen*
sit	er(sie, es) sei (→ esse)
anathema sit	der/die sei ausgeschlossen
	(wörtl: verflucht)
sive	oder
SJ (Abk)	Societas Jesu (Jesuitenorden)
sociare	sich verbinden
societas, -atis, f	Gemeinschaft, Gesellschaft
Solafideismus	*Überbetonung des*
	→ *„sola fide"*
Solipsismus	*Auf-sich-selbst-allein-*
	Bezogensein
solus, -a, -um	allein, einzig, einzige(r, s)
sola fide (Abl)	allein aus Glauben
sola gratia	allein (die/aus) Gnade
sola scriptura	allein (durch) die Schrift
solo Christo (Abl)	durch Christus allein
solum verbum	allein das Wort
solus Christus	Christus allein
specialis, -e	besonders, speziell
species, -iei, f	Gattung, Art
sub specie	von der Ewigkeit aus gesehen

aeternitatis	
sub specie mundi	von der Welt aus gesehen
speculatio, -onis, f	Spekulation, Schau, Entwurf
spes, spei, f	Hoffnung
spiratio, -onis, f	Hauchung
spiritualis, -e	geistlich, geistig, den Geist betreffend
spiritus, -us, m	Hauch, Geist
splendor, -oris, m	Glanz, Pracht, Ansehen
sponsalia, -um, n, Pl	Verlobung(svertrag), Hochzeit(sgeschenke)
status, -us, m	Stand
in statu nascendi	im Entstehen
status corruptionis	Stand des Verderbens, Sündenstand
status integritatis	Stand der Unversehrtheit, Urstand
status quo	der jetzige Zustand
status quo ante	der vorherige Zustand
status rectitudinis	Stand der Rechtheit („vor dem Fall")
stipulativ (lat)	*festsetzend, verabredend*
stricte (Adv)	genau, streng
strictissime	genauestens, im strengsten

(Adv Superlativ)	Sinn
sub	unter
sub conditione Jacobaea	so der Herr will... (Jak 4, 15)
sub voce	unter dem (Stich-)Wort
súbitus, -a, -um	plötzlich, unvermittelt (Adj)
súbsequens	folgend
substantia, -ae, f	Substanz, Wesen (→ natura)
substitutio, -onis, f	Ersetzung, Austausch
successor, -oris, m	Nachfolger
sufficere	genügen
sufficiens	genügend, ausreichend
súfficit (gratia)	es genügt (die Gnade)
sufficientia, -ae, f	Genügsamkeit, völliges Ausreichen
sufficientia scripturae	Vollgenügsamkeit der (Hlg) Schrift (sc zur Bewahrung des Glaubens)
sum	→ esse
summa, -ae, f	Summe, das Ganze
summā cum laude	„mit höchstem Lob" (höchstes Prädikat bei der Promotion)
Summa theologiae	Summe der Theologie

	(zusammenfassendes Lehrbuch der Theologie im Mittelalter)
Summa(rium))	*kurze Zusammenfassung, Inhaltsangabe*
summus, -a, -um	höchste(r, s) (Superlativ v. altus)
sumus	→ esse
sunt	→ esse
superior, -ius	höhere(r, s), überlegen, Oberer
Superlativ (lat)	*höchste Steigerungsstufe (B: bester, höchster)*
supplementum, -i, n	Ergänzung(sband)
supplēre	erfüllen, anfüllen, ergänzen
supra	über, oberhalb, jenseits
supralapsarisch	*„jenseits des Falles", vor dem Fall (Ggtl: → infralapsarisch)*
supranatural	*übernatürlich*
suus, sua, suum	sein(e), ihr(e)
sui (ipsius)	seiner/ihrer (selbst)
sui generis	seiner Art
syllogismus	Schluß, Syllogismus
syllogismus practicus	„praktischer Schluß" (i.e. vom

	Ergehen auf Gottes Gnade bzw. Segen)
Synsemantikon *(gr)*	*(Wort, das nur in Verbindung mit einem anderen Bedeutung hat, Ggtl: → Autosemantikon)*

T

tábula, -ae, f	Brett, Tafel, Tisch
tabula rasa	abgeschabte Tafel, leerer Tisch
talis, -e	so geartet, so beschaffen
tale quale	so wie (es ist)
taliter (Adv)	so (→ aliter)
tamen	dennoch
tantus, -a, -um	ganz
tantum (Adv)	nur
Tautologie *(gr)*	*(ta auta legon) eigtl.: Grundstruktur einer Gleichung, bedeutungsgleiches Subjekt und Prädikat, oft gleich gebraucht wie → Pleonasmus*
Taxonomie *(gr)*	*Einordnung (von gr. Taxis/*

	Ordnung und Nomos/ Gesetz, Regel)
tectum, -i, n	Dach, Zimmerdecke, Haus
tectus, -a, -um	bedeckt, bekleidet (→ tegere)
tegere	bedecken, bekleiden
temporalis, -e	zeitlich
tempus, -oris, n	Zeit
cum tempore / c.t.	mit akadem. Viertel
sine tempore / s.t.	ohne akadem. Viertel
tempora, n Pl	Zeiten
ter	dreimal
terminus	Grenzstein, Schranke, Termin
terminus a quo	Zeitpunkt, von dem an...
terminus ad quem	Zeitpunkt, bis zu dem...
terminus ante quem	Zeitpunkt, vor dem...
terminus post quem	Zeitpunkt, nach dem...
terra, -ae, f	Erde, Land
tertius, -a, -um	dritter, dritte, drittes
tertium comparationis	Vergleichspunkt, in dem Bild und Sache sich treffen
tertium non datur	ein Drittes gibt es nicht
tertius usus (legis)	der dritte Gebrauch (des Gesetzes)

testimonium, -ii, n	Zeugnis
testimonium spiritus sancti internum	das innere Zeugnis des Hlg. Geistes (Röm 8, 16)
textus, -us, m	Gewebe, Geflecht, Text
textus receptus	„allgemein angenommener" Text des griech. NT von 1546, heute teilweise auf Grund älterer Handschriften korrigiert
theologia, -ae, f	Theologie
theologia crucis	Kreuzestheologie
theologia gloriae	Theologie der Herrlichkeit
theologia naturalis	natürliche Theologie
theologia rationalis	vernünftige Theologie
Threni (gr)	*Klagelieder (Jeremias)*
tollere	aufheben, emporheben
tollit	er/sie hebt auf, nimmt weg
gratia non tollit naturam	die Gnade hebt die Natur nicht auf
tom.	= tomus, Band (eines größeren Werkes)
totus, -a, -um (Gen: -ius)	ganz, jede(r, s)
toto coelo	himmelweit, ganz und gar

Traduzianismus (lat)	*(Lehre, die menschl. Seele werde bei der Zeugung empfangen, Ggtl: → Kreatianismus)*
translatio, -onis, f	Übersetzung
Transsubstantiation (slehre)	*(Lehre von der) Wandlung der Elemente (Brot und Wein in Leib und Blut Christi ohne Veränderung der Eigenschaften/Akzidentien)*
transzendent	*überschreitend, jenseitig*
transzendental	*vorempirisch (die Bedingung der Möglichkeit von ... betreffend)*
Transzendenz	*Jenseitigkeit*
transzendieren	*überschreiten, über ... hinausgehen*
tremendum	zittern machend, erschreckend
mysterium tremendum	erschauern lassendes Geheimnis
trichotomisch (gr)	*dreigeteilt*
trinus	dreieinig
trinitas, -atis, f	Trinität
Trinität	*Dreieinigkeit*
Trinitatis (Gen)	*(Sonntag) der Dreieinigkeit*

	(Sonntag nach Pfingsten)
triplex	dreifach
triplex usus legis	dreifacher Gebrauch des Gesetzes
triúmphans	triumphierend
ecclesia triumphans	triumphierende Kirche (Ggtl: ecclesia peregrinans = pilgernde Kirche)
Trivium (lat)	*Grammatik + Dialektik + Rhetorik (→ artes liberales)*
trivial (lat-frz)	*oft wiederholt, platt, abgedroschen*
tuus, -ua, -uum	dein(e)
tua res agitur	es geht um deine Sache
txt	→ textus

U

ubi	wo
ubi et quando visum est deo	wo und wann es Gott gefällt
ubique	überall
Ubiquität	*Fähigkeit, überall gegenwärtig*

	zu sein
ultimus, -a, um	letzte(r, s)
Ultima	*letzte (Silbe eines Wortes)*
Ultimo	*am letzten (Tag eines Monats)*
únicus, -a, -um	einzig, einzige(r, s)
unio, -onis, f	Einheit, Einung
unio hypostatica	Einheit (in) der Hypostase
unio mystica	Einswerden in der mystischen Versenkung
unīre	vereinigen
unitas, -atis, f	Einheit (Ggtl: → pluralitas)
Universale (Pl: Universalien)	Allgemeinbegriff
univok	*eindeutig, einnamig (Ggtl: → aequivok)*
unus, -a, -um (Gen: unīus)	eine(e)
homo unīus libri	Mann des einen/eines Buches (Wesley)
usurpieren	*an sich reißen, sich widerrechtlich aneignen*
usus, -us, m	Gebrauch
usus didacticus (legis)	belehrender Gebrauch (des Gesetzes)

usus elenchticus (legis)	überführender Gebrauch (des Gesetzes)
usus legis	Gebrauch des Gesetzes
ut (Konj)	daß, damit, so daß
ut (Adv)	wie
ut supra	wie oben
ut infra	wie unten
uter, -tra, -trum	eine(r, s) von beiden
uterque/utraque/ utrumque	beide(s)
uti	gebrauchen
útut	wie auch immer (→ ut)

V

vaticinium, -ii, n	Weissagung
vaticinium ex eventu	W. nach dem Ereignis
vel	oder (nicht ausschließlich; vgl → aut)
velle	wollen (Verb)
volo, vis, vult	ich will, du willst, er/sie will
vōlumus, vultis,	wir wollen, ihr wollt

volunt	sie wollen
verba	Worte, Wörter
verbātim (Adv)	Wort für Wort
Verbatim	*Gesprächsprotokoll*
verbōtenus (Adv)	wortwörtlich
verbum, -i, n	Wort
verbum dei manet in aeternum	Gottes Wort bleibt in Ewigkeit
veritas, -atis, f	Wahrheit
verus, -a, -um	wahr, wahre(r, s), echt(e, er, es)
vere (Adv)	wahrhaft, in Wahrheit
vesper, -i, m	Abend(stern)
Vesper	*Abendgebet (→ Horen)*
vestigium, -ii, n	Spur
vestigia, -orum, n Pl	Spuren
vetus	alt
Vetus Latina	*alte lateinische (sc Bibelübersetzung)*
vetus testamentum	Altes Testament
vicarius, -ii, m	Stellvertreter
vidēre	schauen, sehen
vide	schau! sieh!
videatur	es möge (danach) gesehen

	werden
video	ich sehe
deus vidit	Gott sieht
vigilare	wachen
virēs	Kräfte → vis
Virginität	*Jungfräulichkeit*
virgo, -inis, f	Jungfrau
beata virgo	die selige Jungfrau (=Maria)
virtuell	*dem Vermögen nach, als Möglichkeit*
virtus, -utis, f	Tugend, Tapferkeit, Kraft
virtus iudicandi	Macht, (etwas/jmd) zu (be)urteilen
virtus operandi	Kraft zum Handeln
virtus sacramenti	die Wirkkraft des Sakraments
virtutes theologicae	„theologische Tugenden": → fides, spes, caritas
vis	du willst (→ velle)
vis (Pl: vires)	Kraft (Kräfte)
visíbilis, -e	sichtbar (→ vidēre)
→ **ecclesia visibilis**	die sichtbare Kirche
factor visibilium omnium et invisibilium	Schöpfer alles Sichtbaren und Unsichtbaren

visio, -onis, f	Schau
visum	(vor)gesehen
viszeral (lat)	*innerst (eigtl. die Eingeweide (viscera) betreffend)*
vita, -ae, f	Leben, Lebensbeschreibung
vita activa	tätiges Leben
vita beata	(glück)seliges Leben
vita contemplativa	betrachtendes Leben
curriculum vitae	Lebenslauf
vitaliter (Adv)	lebensmäßig, im Leben
vívere	leben
vivíficans	belebend, lebenschaffend
vivificatio, -onis, f	Belebung, Lebendigmachen
vobis (Dat, Abl)	(für, durch) euch
vocabulum, -i, n	Vokabel, Wort
vocaliter (Adv)	durch das Wort
vocare	rufen, nennen, berufen
vocatio, -onis, f	Berufung
volo	ich will (→ velle)
volumen, -inis, n	Bücherrolle, Schrift, Band (engl/frz: *volume*)
volunt	sie wollen (→ velle)
voluntas, -atis, f	Wille, Wollen (Subst)
bonae voluntatis	guten Willens

votum, -i, n	Gelübde, Gebet, Stimmabgabe, Urteil
vox, vocis, f	Stimme, Wort
viva vox (evangelii)	die lebendige Stimme (des Ev.)
vox dei	die Stimme/das Wort Gottes
vox populi	die Stimme des Volkes
vulgaris, -e	allgemein verbreitet
Vulgata	*die allgemein Verbreitete (lat. Bibel)*
vulneratio, -onis, f	Verletzung
vultis	ihr wollt (→ velle)

Z

zelebrieren (lat)	*feierlich (eine gottesdienstliche Handlung) vollziehen*
Zensor (lat)	*kirchlich-offizieller Prüfer*
Zenturien (lat)	*Jahrhundertberichte (B: Magdeburger Z. von 1559, Darstellung der Kirchengeschichte in Jahrhunderten)*
Zölibat, (lat) m	*Ehelosigkeit*